La compréhension de la spiritualité dans les cultures française et allemande

Collection dirigée par Lidia Breda

Du même auteur
dans la même collection

Quelques réflexions sur la philosophie de l'hitlérisme
Éthique comme philosophie première

Emmanuel Levinas

La compréhension de la spiritualité dans les cultures française et allemande

Préface de Danielle Cohen-Levinas

Rivages Poche
Petite Bibliothèque

Retrouvez l'ensemble des parutions
des Éditions Payot & Rivages sur
www.payot-rivages.fr

106, boulevard Saint-Germain – 75006 Paris

ISBN : 978-2-7436-2738-6

Vers une analytique de l'*esprit* chez Emmanuel Levinas

Ce texte marque une étape décisive dans le parcours d'Emmanuel Levinas qui n'avait alors que vingt-huit ans. Sans doute s'agit-il d'un moment névralgique de sa pensée encore imprégnée de la phénoménologie husserlienne et de son admiration pour la manière dont Heidegger aura posé la question du sens de l'Être dans *Sein und Zeit*, invitant dès lors la philosophie à s'orienter vers une nouvelle écoute de l'Être dont le retrait détermine le surgissement des étants. Dans *En découvrant l'existence avec Husserl et Heidegger*, Levinas explique en quoi la différence ontologique porte en elle une intelligibilité radicalement nouvelle de la pensée et du langage, reposant, d'un côté sur le déploiement de l'étant et, de l'autre, sur le retrait de l'Être : « L'originalité de Heidegger consiste précisément à maintenir avec une netteté jamais en défaut, cette distinction. L'être de l'étant est “l'objet” de l'ontologie »[1]. Est-il besoin de le rappeler : les écrits de Levinas ont été dès le début phénoménologiques. Le caractère verbal de l'être – « sonorité inouïe et inoubliable »[2] – en tant que possibilité de l'existence humaine authentique privilégiant la dimension du temps, ainsi que le principe d'effectuation et de temporalisation comme mode propre de l'être fut un des enjeux les plus fondamentaux quant au renouvellement de « l'antique problème de l'être en tant qu'être »[3], exprimé dès 1935 dans *De l'évasion*.

1. Paris, Librairie Vrin, première édition 1949 ; Livre de poche, 2006.

2. Emmanuel Levinas, *Noms propres*, Montpellier, Fata Morgana, 1976, p. 9.

3. L'essai de Levinas est paru la première fois dans la revue *Recherches philosophiques*, que dirigeaient

Au moment de la publication de cet article dans la revue lituanienne *Vairas*, en juillet 1933, Levinas ne pouvait pas ignorer la teneur des événements politiques en Allemagne. Ce texte est déjà selon nous l'esquisse d'une pensée qui entend dans la tragédie de l'Histoire, avec une acuité sans complaisance et sans empathie, des enjeux philosophiques majeurs, irréductibles à ce qui pendant la guerre allait prendre la forme dans les *Carnets de captivité* de ce qu'il appela « ma philosophie »[1]. Aussi ce texte constitue-t-il un témoignage émouvant d'un philosophe dont toute la famille fut assassinée pendant la Seconde Guerre mondiale, au lieu même où il publia ce texte. Par-delà la dimension biographique

---

alors Alexandre Koyré, Albert Spaïer, Jean Wahl et Gaston Bachelard. Ce texte fut ensuite publié aux éditions Fata Morgana, introduit et annoté par Jacques Rolland (Montpellier, 1982) avant d'être édité au livre de poche en 1998, p. 74.

1. Emmanuel Levinas, *Les carnets de captivité et autres inédits*, Œuvres I, volume publié sous la responsabilité de Rodolphe Calin et de Catherine Chalier, Paris, Grasset/Imec, 2009.

qui à elle seule justifierait l'initiative éditoriale, ce texte témoigne également d'un travail philosophique qui ne cède en rien à la libre assomption de la pensée spéculative. On y trouve en filigrane une réflexion sur l'insuffisance et sur la folie de la condition humaine, non plus comme une manière de « *voir dans l'humain la crise de l'être* »[1], mais comme condition d'une subjectivité qui signifie avant d'être. Ce n'est certes pas un hasard si ce texte s'achève par un long développement consacré à Thomas Mann, à *La Montagne magique* (*Zauberberg*) et si déjà le mot « intrigue » apparaît sous la plume de Levinas. Qu'elle soit prise dans l'ellipse de la Raison, que l'on attribue hâtivement à la culture française, ou dans la brutalité irrémissible de la suffisance d'être, dans l'inamovibilité de la présence que l'on impute à la culture allemande, l'analyse conduite ici par le jeune philosophe est soumise à

1. *De l'évasion*, p. 49 ; les italiques sont d'Emmanuel Levinas.

l'exigence de dépassement de l'existence phénoménale.

Nous ignorons les circonstances réelles qui ont préludé à l'écriture de ce texte rédigé en lituanien, intitulé « La compréhension de la spiritualité dans les cultures française et allemande »[1]. Levinas se trouvait-il alors en Lituanie ? Était-ce à l'occasion d'un de ses séjours à Kovno[2], sa ville natale, où il allait chaque été jusqu'en 1937 pour rendre visite à sa famille ? Était-il en contact permanent ou épisodique avec la communauté intellectuelle de Lituanie ? Aucune des hypothèses que nous formulerons, fût-elle la plus vraisemblable, ne nous restituera, compte tenu des éléments dont nous disposons, l'historique exact de ce texte. Nous avons cependant mené une sorte d'enquête archéologique dans le but précisément de soustraire cet article, resté longtemps un inédit énigmatique, de sa confidentialité,

1. Je reviendrai sur la notion de *spiritualité*.
2. *Kaunas* en lituanien.

voire de son statut inclassable. Nous pensons au contraire que ce texte a valeur de document, tant biographique que philosophique.

Rappelons d'emblée qu'il fut publié en 1933 sous le titre « *Dvasiskumo supratrimas prancuzu ir vokieciu kulturoje* », dans une revue lituanienne disparue sous les décombres de la Seconde Guerre mondiale[1]. La date de publication ne peut guère laisser indifférent tant la coïncidence historique est grande entre la réflexion menée par Levinas dans ce texte et le discours d'intronisation du rectorat de Heidegger prononcé à l'Université de Fribourg-en-Brisgau le 21 avril 1933. Peut-on parler d'un pur hasard ? Nous en doutons résolument. À plusieurs égards et en plusieurs endroits, le texte de Levinas apparaît comme le symétrique, porté par une inspiration philosophique, de ce qu'il appelait en 1990, dans un *post-scriptum* au texte paru en 1934 dans la revue *Esprit*, « Quelques réflexions sur la

1. Cf. la note d'édition.

philosophie de l'hitlérisme », « une possibilité essentielle du *Mal élémental* où bonne logique peut mener et contre laquelle la philosophie occidentale ne s'était pas assurée »[1]. Levinas prend soin de préciser que cet article, paru

> « presque au lendemain de l'arrivée de Hitler au pouvoir (...) procède d'une conviction que la source de la barbarie sanglante du national-socialisme n'est pas dans une quelconque anomalie contingente du raisonnement humain, ni dans quelque malentendu idéologique accidentel. »[2]

Publié également *presque au lendemain* du discours du rectorat de Heidegger, le texte de Levinas daté de juillet-août 1933 – « La compréhension de la spiritualité dans les

---

1. « Quelques réflexions sur la philosophie de l'hitlérisme » d'Emmanuel Levinas (revue *Esprit*, Paris, 1934) a été réédité en 1997 dans la collection Rivages poche. Il est suivi d'un essai de Miguel Abensour intitulé « Le Mal élémental ».

2. *Ibidem*, p. 25.

cultures française et allemande » – s'emploie à décrire des différences dites *formelles* entre deux registres, deux natures de culture et d'esprit. Dans cet ordre de classification, la culture *française* serait caractérisée par « (...) la pensée pure, au-delà de l'imagination, des sensations et des passions. (...) Le Français ne se contente pas d'identifier esprit et raison ; il croit aussi que le monde est essentiellement rationnel. C'est ainsi qu'il discerne la puissance de l'esprit »[1]. Quant à la culture *allemande*, un de ses fondements résiderait dans le

> « (...) drame intérieur, cette agitation opiniâtre, aveugle à la raison. Les Allemands y voient la richesse et la profondeur de l'esprit humain. Comprendre l'esprit de l'homme ne signifie pas en connaître l'âme à partir de la raison, mais plutôt vivre sans essayer d'échapper à la vie. »[2]

---

1. Cf. *infra*, p. 62-64.
2. Cf. *infra*, p. 67-68.

Par ailleurs, Levinas ne se contente pas de relever les différences entre modes d'existence des cultures allemande et française. Il va jusqu'à montrer comment la subjectivité des « partis politiques extrémistes »[1] en Allemagne est déterminée par ces différences :

> « Ils ne font pas confiance à la raison parce que celle-ci résiste à leur vitalité ; ils n'écoutent pas la raison qui dit "oui", alors que leur existence crie "non". »[2]

Nous voici au cœur de ce que Levinas nomme en lituanien « *dvasiskumas* », traduit en français par « spiritualité ». Il nous semble préférable de substituer au mot « spiritualité » l'expression « intellectualité ». En effet, comme l'avait à juste titre fait remarquer le traducteur en anglais de la version originale[3], le mot lituanien *dvasiskumas* a pour équivalent allemand le mot « *Geistigkeit* », à savoir

1. Cf. *infra*, p. 75.
2. *Ibid.*
3. Andrius Valevicius.

ce qui se rapporte à l'esprit humain, désignant précisément dans la culture allemande, notamment chez les idéalistes et chez les romantiques, une *aspiration* à l'unité de la vie, à la restauration d'une totalité, voire dans la langue de Novalis, une nostalgie (*Heimweh*), comme « une aspiration à être partout chez soi »[1]. Cette qualité reconnue à l'esprit dans la culture allemande implique, selon Levinas, « d'accepter de connaître la déception, la tristesse et la joie »[2]. Elle constitue un élément critique, la « véritable vie de l'esprit humain »[3], qui sera l'objet de longs développements, notamment dans *Totalité et Infini, Essai sur l'extériorité*[4]. Dans cet ouvrage majeur, d'inspiration

---

1. Novalis, *Schriften III*, p. 434, in *Schriften, Die Werke Friedrich von Hardenberg, Historisch-kritische Ausgabe*, Bd. I-VI, *Zusammenarbeit mit Hans-Joachim Mähl und Gerhard Schulz*, éd. P. Kluckhohn et R. Samuel, Leipzig-Stuttgart-Paderborn, Kohlhammer, 1960-1988.
2. Cf. *infra*, p. 70.
3. *Ibidem*.
4. Emmanuel Levinas, première édition, La

phénoménologique, Levinas interroge la manière dont la vérité de l'être se révèle dans la guerre, dans l'essence de la tradition métaphysique allemande qui, « de l'Ionie à Iéna », selon la célèbre formule de Franz Rosenzweig[1] – autrement dit des Grecs jusqu'à Hegel –, aura eu pour prétention d'englober, non seulement le réel, la dimension irréductible de l'esprit humain, mais également la Totalité du monde devenue accessible et intelligible à la Raison en tant que Savoir absolu.

Dans le texte de 1933, « La compréhension de la spiritualité dans les cultures française et allemande », soulignant l'« influence exceptionnelle »[2] que Heidegger exerçait sur les étudiants des universités allemandes, Levinas met l'accent sur ce que plus tard il

---

Haye, éd. Martinus Nijhoff ; Livre de poche, collection Biblio Essais, 1990.

1. *L'Étoile de la rédemption*, traduit de l'allemand par Jean-Louis Schlegel et Alexandre Derezansky, Paris, Seuil, 1982, p. 21.

2. Cf. *infra*, p. 75.

appellera dans *Totalité et Infini*, au sacrifice de la souffrance, « l'expérience pure de l'être pur »[1] :

« Les Allemands estiment que la souffrance est plus vraie que la raison – car cette dernière cherche à calmer la souffrance – et que la vérité ne consiste pas à observer impartialement les idées éternelles mais qu'elle est le terrible cri d'une existence qui lutte pour sa survie. Il est facile d'oublier et de perdre l'équilibre lorsqu'on croit entendre une voix mystique au plus profond de son âme. Il est exact qu'on est ici en présence d'une perversion de l'idéal allemand, mais il est intéressant de remarquer que, même sous sa forme fausse, cet idéal s'avère totalement opposé aux échecs et aux péchés caractérisant l'âme française. »[2]

Dans la discussion qui oppose la culture allemande à la culture française, Emmanuel

1. Livre de poche, p. 5.
2. Cf. *infra*, p. 75-76. Nous conservons dans la version française que nous publions le mot « spiritualité » choisi par le traducteur.

Levinas commence par citer le nom emblématique de René Descartes, le philosophe qui aura maintenu la distinction entre substance spirituelle et substance matérielle, à l'instar d'Aristote pour lequel l'unité entre ces deux substances est acquise comme une évidence. Dans la mesure où leur union est le résultat de la volonté de Dieu, la distinction pour Descartes est donc requise. Que doit-on retenir de cette distinction essentielle pour Levinas qui y voit « le soupçon à l'égard de l'imagination, et même de la géométrie d'Euclide qui se sert de figures » ? [1]

Tout d'abord, que le monde physique ne participe pas nécessairement à la vie psychologique et par conséquent qu'il ne peut ni ne doit être absorbé par la spiritualité. Là encore, il convient de préciser ce que signifie le mot *spiritualité* dans le contexte dans lequel Levinas l'emploie. Cette idée de *spiritualité*, comme je l'ai déjà signalé, n'est

1. Cf. *infra*, p. 61.

pas la plus adéquate pour rendre justice à l'exactitude du propos de Levinas. Nous serions tenté d'entendre dans ce mot une expérience d'inspiration religieuse, métaphysique s'il en est, qui pourrait corrompre ou pervertir la vie de l'esprit depuis laquelle l'homme élabore des formes symboliques redevables de l'émotion, de la passion, du sentiment intime et profond, identifié aux données psychologiques élémentaires. Si Levinas insiste tant sur la distinction entre *esprit* et ce qu'il appelle « matière inerte »[1], c'est précisément parce qu'il entrevoit la possibilité de penser la question de l'esprit comme étant supérieure « à toute forme de vie biologique »[2]. La comparaison entre Descartes et Aristote s'avère d'une extraordinaire pertinence, car le commerce de l'esprit avec les forces obscures de l'existence pourrait conduire à l'émergence d'une sensibilité philosophique malade, ne pouvant plus séparer le biologique du spirituel.

1. *Ibidem.*
2. *Ibid.*

La troisième partie du texte consacrée à Thomas Mann et à *La Montagne magique* nous en fournit un exemple particulièrement saisissant. On se souvient que dans *De l'évasion*, publié en 1935, deux ans après « La notion de spiritualité dans les cultures française et allemande » et une année après *Quelques réflexions sur la philosophie de l'hitlérisme*, Levinas aborde la question de la souffrance et de la douleur comme une pathologie de l'être, comme l'expérience de l'être même. Il y a de la *souffrance* parce qu'il y a de l'*être*. L'adéquation de la souffrance à l'être, dont le caractère d'inamovibilité n'aura pas échappé au jeune Levinas, oblige le philosophe à interroger ce qui commande cette identification, cet enchaînement au corps, ce que Miguel Abensour nomme le « surcroît biologique »[1]. Levinas précise :

1. In « Le Mal élémental », essai publié en postface au livre d'Emmanuel Levinas, *Quelques réflexions sur la philosophie de l'hitlérisme*, p. 63.

« La vraie vie de l'esprit est ailleurs. L'esprit – et c'est là un trait caractéristique de la culture française jusqu'à présent –, c'est la pensée pure, au-delà de l'imagination, des sensations et des passions (...). C'est là qu'est la clef de ce que l'on a coutume d'appeler le positivisme français : il ne se confond pas avec le positivisme vulgaire de la philosophie populaire, mais réside dans la conviction que seul l'esprit théorique est l'esprit véritable et que ce n'est pas dans la science exacte que l'esprit peut se réaliser (...). »[1]

Une parenthèse s'impose. Le mot auquel Levinas a recours en lituanien pour désigner l'*esprit* est « *dvasia* ». Tout comme le mot « *dvasiskumas* » équivaut en allemand à « *Geistigkeit* », « *dvasia* » se rapporte au mot « *Geist* » (esprit)[2]. Selon qu'elle soit tournée

1. Cf. *infra*, p. 62.

2. Andrius Valevicius, le traducteur lituanien de la version anglaise, a pris soin de préciser que Levinas a parfois recours au mot « *siela* » qui, en lituanien, signifie *âme* et non pas *esprit*. C'est pourquoi, dans la traduction française de la version anglaise, dont

vers la culture française ou vers la culture allemande, la question du sens de l'esprit ne conduit pas aux mêmes analyses ni aux mêmes résultats. La perspective choisie par Levinas est double. L'*intellectualité* à l'œuvre dans ces deux cultures est envisagée tant du point de vue philosophique que du point de vue littéraire. Dans cette esquisse d'analyse critique, l'opposition du subjectif et de l'objectif, l'adhérence à une pensée forclose, repliée sur « les aspects concrets et dramatiques de l'esprit »[1], tout comme l'exigence d'évasion de la « perversion de l'idéal allemand »[2] sont ici l'objet d'une réflexion mettant en défection la dialectique, ne culminant dans aucune synthèse ou réconciliation.

---

nous avons vérifié qu'elle était rigoureusement exacte, nous trouvons différents registres de traduction, au moins trois, qui stipulent la dimension équivoque du mot *esprit* : soit en anglais l'équivalent du mot « *mind* » (esprit), soit l'équivalent du mot « *spirit* » pour traduire « *dvasia* », ou encore l'équivalent du mot « *soul* » pour traduire « *siela* ».

1. Cf. *infra*, p. 75.
2. Cf. *infra*, p. 76.

La tâche qui incombe au philosophe consiste à échapper aux raccourcis réducteurs comme au tranchant parfois hâtif des études comparatives. Levinas est conscient de cette possible déviation et simplification auxquelles il oppose un face-à-face fécond entre le registre spéculatif et le registre narratif. Il écrit, en guise de conclusion, avec le mot d'esprit (*Witz*) qu'on lui connaît :

> « Dans cette étude comparative des cultures française et allemande, nous n'avions pas pour but de dire laquelle de ces deux perceptions du monde spirituel est la meilleure. Tout concept est respectable, mais peut aussi être déformé de façon ridicule et dangereuse. Cela se produit parfois, pour les plus grands délices des critiques littéraires, en certains grands salons où l'on s'amuse d'antithèses superficielles telles que la « légèreté française » et la « lourdeur allemande », ou bien pour la satisfaction d'orateurs de grands cafés qui prennent ce jeu au sérieux, et qui par ailleurs font de la philosophie. »[1]

1. Cf. *infra*, p. 87.

Quelques considérations sur la structure et la signification du texte

Le texte de Levinas est rigoureusement structuré en trois parties précédées d'une brève introduction. La première d'entre elles[1] met en scène le « vieux paradoxe de l'idéalisme français »[2], qui veut que le positivisme français soit associé à une conscience morale moderne, s'orientant fermement vers les mathématiques (Léon Brunschvicg). Descartes est naturellement un point de départ irréductible permettant de « dissiper les ténèbres de l'instinct »[3]. Citant Brunschvicg, Levinas parle des « progrès de la conscience »[4]. L'expression n'est pas fortuite. Elle fait écho à la philosophie hégélienne de l'histoire, à la conscience du monde, du

1. Les intertitres en vigueur dans les traductions anglaise et française ne sont pas d'Emmanuel Levinas. Afin de rester fidèle à la version originale, nous ne les avons pas conservés dans la présente édition.

2. Cf. *infra*, p. 63.

3. Cf. *infra*, p. 63.

4. *Ibid.*, pp. 62-63.

savoir et du temps se révélant dans la marche triomphale de la raison et le mouvement de remémoration du passé. De même, les philosophes français du XVIIIe siècle – Diderot, d'Holbach et Helvetius – sont-ils célébrés pour leur aptitude à ne pas conduire le matérialisme dans une direction qui obligerait « à conclure en l'incapacité complète de l'homme à s'opposer à la nature »[1]. Nous reconnaissons là le motif de l'affranchissement cher à Levinas, le souci de rompre, de s'*évader* de la tentation irrépressible d'identification de l'homme et de la nature. L'horreur de la « force secrète de la psychologie humaine »[2] est patente, de même les symboles qui accompagnent historiquement la référence au soi-même, ce que Levinas nomme dans *De l'évasion* « l'identité de l'être »[3]. En contrepoint à l'universalité des Lumières, les disciples de Marx sont également cités, ainsi que les moralistes

1. *Ibid.*, p. 64.
2. Cf. *infra*, p. 65.
3. *De l'évasion*, p. 69.

contemporains – Durkheim, Rauh, Lévy-Bruhl – pour qui « l'esprit de l'homme réside dans sa raison »[1]. Il est clair que cette identité n'est pas une propriété exclusive de l'être, ni un jeu de métaphores ou de ressemblance avec lui. La lutte contre les puissances psychologiques est un enjeu philosophique majeur, procédant du désaccord entre la Raison et la dimension anonyme de l'Être qui brime la liberté humaine. Cependant Levinas ne renvoie pas dos à dos vie psychologique, « chaos de l'âme »[2], et morale universelle ou universalité de la Raison. La démonstration est subtilement menée. Levinas ne prétend pas résoudre l'antagonisme. Sa méfiance à l'endroit des vérités éternelles fondées sur l'universalité de la Raison est tout aussi vive que sa méfiance envers les forces métaphysiques de la destinée humaine. Plus tard, dans *Totalité et Infini*, il écrira « qu'il importe au plus haut point de savoir si l'on n'est pas dupe de la

1. Cf. *infra*, p. 67.
2. *Ibid.*, p. 69.

morale »[1]. Dans le texte de 1933, il rappelle l'épisode de l'Affaire Dreyfus en fustigeant les politiciens français qui « tendent aussi à résoudre les problèmes en les examinant avec les lunettes de l'universalité »[2]. Mais l'âme française – sans doute est-ce cela qui la sauve pour Levinas – n'est pas indifférente à la Justice. On peut se demander jusqu'où l'humanité détenue par la Raison, qui impose l'État comme Raison, ne transforme pas ultimement l'État en État de Raison. Levinas ne dit pas autre chose lorsqu'il écrit que cette affaire aura « davantage bénéficié aux intérêts de l'État qu'elle ne les a desservis »[3]. Tempêtes et passions se seront succédé pendant plusieurs décennies, car le mensonge à hauteur de l'histoire n'est pas destiné à être supportable et supporté éternellement par les consciences et par l'esprit humain. La seule manière d'y faire face fut de dresser une justice inflexible à charge contre une société

1. *Totalité et Infini*, p. 5.
2. Cf. *infra*, p. 66.
3. *Ibid.*

coupable, en faisant triompher la vérité : « une idée raisonnable et par conséquent fascinante pour l'âme française »[1].

La seconde partie du texte s'ouvre avec une évocation de Pascal sur lequel Levinas avait conclu la première partie : « L'honneur de l'homme, c'est sa pensée »[2]. La réflexion se poursuit et s'achève sur des philosophes allemands incarnant les « philosophies de la vie » comme mode où s'exprime la compréhension allemande de l'idéal de l'esprit : Nietzsche, Simmel, Dilthey, Scheler, Heidegger. Lorsque Heidegger parle de la vie de l'esprit[3], explique Levinas, il n'utilise pas le mot « conscience », mais plutôt celui d'« existence ». Le paragraphe consacré à Heidegger, au demeurant très bref, est d'une redoutable clairvoyance. En deux phrases, tout est dit du lien tacite, implicite, quasi logique entre « les aspects

1. *Ibid.*
2. *Ibid.*, p. 67.
3. Dans le texte en version française on trouve l'expression « réalité spirituelle ».

concrets et dramatiques de l'esprit »[1], porté au plus haut niveau par la philosophie de Heidegger, et l'enchantement des partis politiques extrémistes en Allemagne pour « cette notion d'esprit »[2]. Un an plus tard, en 1934, Levinas dira dans *Quelques réflexions sur la philosophie de l'hitlérisme*, que se sont des affects qui « éveillent la nostalgie secrète de l'âme allemande »[3] :

> « Ce n'est pas par hasard que les partis politiques extrémistes, actuellement si forts en Allemagne, sont enchantés de cette notion d'esprit. (…) Les Allemands estiment que la souffrance est plus vraie que la raison (…) et que la vérité ne consiste pas à observer impartialement les idées éternelles mais qu'elle est le terrible cri d'une existence qui lutte pour sa survie. »[4]

1. Cf. *infra*, p. 75.
2. *Ibid.*
3. *Quelques réflexions sur la philosophie de l'hitlérisme*, p. 7.
4. Cf. *infra*, p. 75.

Ne serait-ce pas là un début d'explication avec Heidegger que Levinas entend mener sur le terrain philosophique ? Les travaux qui suivront la publication de ce texte ne sont rien de moins qu'une tentative d'élucider le concept d'*évasion*, lequel ne doit pas être ramené à une triviale métaphore. La pertinence, l'urgence, la vigueur de ce concept lévinassien ne peuvent s'appréhender que depuis une certaine manière d'entendre et de faire résonner le verbe *être*. Comme le souligne très justement Levinas – et c'est pourquoi il cite Pascal – « la culture allemande a en partie hérité de la tradition classique et de la tradition française »[1]. Il y aurait un cartésianisme structurel à l'œuvre de Leibniz, de Kant, « que les Kantiens de Marbourg ont poussé à l'extrême »[2]. Par conséquent, en philosophie comme en littérature, il existe dans la culture allemande, depuis les romantiques, un esprit (spiritualité) attentif à la lettre, pour ne pas dire à la

1. *Ibidem*, p. 67-68.
2. *Ibid.*, p. 68.

loi, qui semble résister à l'emprise de l'existence « profondément enracinée dans l'âme allemande »[1]. Seul un Rousseau en France, en son temps, se sera élevé contre un *esprit* abstrait, empirique. Qu'il soit question de philosophie, de politique, de religion ou de littérature, Rousseau est le penseur qui brise le système de la passion comme de la raison, tout en s'abandonnant à l'impulsion de l'une et de l'autre. Levinas ne le cite pas. En revanche, aux côtés de Descartes et même de Spinoza, les noms de Corneille, Racine, Molière pour le théâtre, Stendhal, Flaubert et Balzac pour la littérature romanesque sont célébrés comme autant d'exemples qui « tentent de mettre de l'ordre dans le chaos psychologique »[2]. Déjà le concept d'intentionnalité en vigueur chez Husserl, Scheler ou Heidegger est confronté, dans son originalité même – en ce que les impressions et sensations, à travers le flux de la conscience, se cristallisent en tant qu'identités dans le

---

1. Cf. *infra*, p. 71.
2. *Ibid.*, p. 69.

jeu des protentions-rétentions – à une dimension métaphysique, toujours orientée vers une figure de rassemblement. La psychanalyse n'est pas absente de cet inventaire. Levinas lui réserve un sort sans destin philosophique, plutôt sévère pourrait-on dire. Citant Freud, il écrit :

> « La présentation de la vie sexuelle comme facteur psychologique n'est pas intéressante au plan philosophique. Elle ne nous apprend rien. Moins captivants encore sont tous les dogmes fantasques du système freudien et leurs implications, sa clef des rêves et sa thérapie – qu'elle soit précise ou non –, de même que toutes les autres thérapies du monde. »[1]

Pour traduire la non-intimité de la vie sexuelle avec la vie philosophique, Levinas n'hésite pas à tourner en dérision ce qu'il appelle « les dogmes fantasques du système freudien »[2]. Il étaye sa démonstration en

---

1. Cf. *infra*, p. 73.
2. *Ibid.*

recourant à des exemples que nous pourrions qualifier de didactiques. Le tourment sexuel, soit « les tribulations » d'un « vulgaire roman allemand » traduisant « des réalités métaphysiques », est la rationalité objectivante en vigueur dans la littérature française « du même genre ». C'est toujours autour d'une dramaturgie sexuelle que se concentre le jeu des différences. Levinas, en bon phénoménologue, ne déduit pas, il relève les faits :

> « Le Français connaît fort bien la réalité qu'il décrit. S'il rédige un texte sur l'amour physique, il fait en sorte que cet amour soit d'abord et surtout physique. (...) Le Français ne fait pas de philosophie lorsqu'il rédige de la pornographie. »[1]

Le rapport de Levinas à la littérature est complexe, constant, et ne saurait être réduit à des références ponctuelles ou à de simples illustrations. En outre, nous savons, depuis

1. *Ibid.*, p. 71-72.

la publication des *Carnets de captivité* [1], que Levinas n'a pas échappé à ce que nous appelons la tentation littéraire. Cette *tentation* fut vécue comme la possibilité de penser la forme même de la relation à autrui, de la subjectivité faisant l'épreuve de l'altération, de la fissure et de la dévastation. Dès le premier *Carnet de captivité*, Levinas projeta, parallèlement à son œuvre philosophique et critique, d'écrire deux romans : l'un intitulé *Eros* ou *Triste opulence*, et l'autre, *L'irréalité de l'amour*. Le pivot de ces deux essais romanesques désormais publiés[2] est la question du désir érotique et de l'hétéro-affection, en tant qu'expérience irréductible de la

1. Emmanuel Levinas, Œuvres 1, *Carnets de captivité et autres inédits*, volume publié sous la responsabilité de Rodolphe Calin et Catherine Chalier, Paris, Grasset/Imec, 2009.

2. Je renvoie au 3e volume des inédits d'Emmanuel Levinas, *Eros, littérature et philosophie* (Essais romanesques et poétiques, notes philosophiques sur le thème d'éros), volume publié sous la responsabilité de Jean-Luc Nancy et Danielle Cohen-Levinas, préface de Jean-Luc Nancy, Paris, Grasset/L'Imec, 2013.

transcendance du sujet désiré. Ce dernier est une altérité et le demeure dans la relation érotique, car la différence entre moi et l'autre ne disparaît pas. Son approche de l'écriture narrative s'avère ici une sorte de laboratoire dans lequel il ausculte les divers registres de la sensation et du sensible. Pourquoi Levinas éprouve-t-il le besoin de se confronter à l'écriture romanesque ? Dans l'expérience littéraire, l'exposition sensible du sujet n'est déjà plus récupérable par la conscience, ce qui signifie qu'elle ne peut plus être rapportée à un contenu. Elle est une condition qui porte toujours déjà l'acte intentionnel ou le désir.

Dans l'article de 1933, Levinas défend l'idée qu'il existe « une dimension de chasteté en littérature française, bien que l'on conteste cette idée hors de France »[1]. Le battement entre l'amour avec concupiscence et l'amour sans concupiscence, qui conduit à une véritable phénoménologie de l'*eros* magnifiquement analysée dans la dernière section de

1. Cf. *infra*, pp. 72-73.

Totalité et Infini, est déjà latent dans cette étude de jeunesse. Entre ce qui apparaît phénoménalement et ce qui apparaît sans apparaître, c'est toute la dimension du secret d'autrui, de son mystère, de l'impudeur, de la profanation, de la caresse comme sensibilité, de l'archi matérialité du corps comme de son archi fragilité, ou encore de la manière dont ce dernier se dénude de sa forme même qui retient ici l'attention du philosophe. En revanche, la littérature allemande semble porter au « mélange », aux entrelacs de la vie sexuelle et de la vie de l'esprit. Levinas en retrouve des traces dans le roman français, celui de Gide et de Giraudoux en particulier, qui, selon lui, « décrivent souvent le monde des sentiments primordiaux »[1]. Comme si les sentiments primordiaux que décrivait la littérature étaient chargés d'une équivocité indescriptible et intraduisible, un mélange de passivité et d'activité qui passerait de l'affect à la raison et de la raison à l'affect, dans un

1. Cf. *infra*, p. 72.

mouvement unitaire visant l'unité de sens et de compréhension.

Le passage à la troisième partie du texte apparaît dès lors comme le point culminant de la réflexion de Levinas dans cet article. L'œuvre de Thomas Mann, *La Montagne magique*[1], à laquelle les dernières pages sont entièrement réservées, s'impose, aux côtés de l'œuvre de Proust en France, comme « le plus grand événement littéraire de notre époque »[2]. L'esprit devient ici conscience de soi, présence à soi, une position du corps qui entre « progressivement dans une réelle inquiétude de la mort »[3]. Cette inquiétude qui « ne décolle jamais du corps »[4] n'est pas dépourvue de sens ni de signification, bien au contraire. Elle est instruite de la différence irréductible affectant l'identité du malade confronté, non plus à l'identité de l'absolu,

1. Publié en 1924.
2. Cf. *infra*, p. 76.
3. *Ibid.*, p. 77.
4. *Ibid.*, p. 78.

mais à l'identité de la mort. En faisant l'expérience de la maladie, le corps inquiété appréhende la réalité du réel par-delà la finitude du sujet. La conscience intentionnelle s'en trouve dès lors progressivement modifiée. Le motif de la mort n'est pas ici sans relation avec le climat historique dans lequel se déroule le récit. Nous sommes à la veille de la Première Guerre mondiale, dans un sanatorium à Davos, où la vie quotidienne des malades, la fascination que la maladie exerce sur eux, la sensation obsédante de la dévastation du corps inhérente au mal qui se déploie inexorablement sont des événements existentiels que l'on doit lire en contrepoint du traumatisme infligé à l'Europe par la Grande Guerre. Lors de sa conférence sur *La Montagne magique* prononcée à la veille de la Seconde Guerre mondiale, Thomas Mann rappelait ce sentiment de fin d'un monde – ce que Stefan Zweig a nommé dans son livre testament *Le Monde d'hier*[1] :

---

1. *Le Monde d'hier. Souvenirs d'un Européen* (*Die Welt von Gestern. Erinnerungen eines Europäers*),

« *La Montagne magique* est devenue *le chant du cygne de cette forme d'existence*, et peut-être est-il quelque peu normal que des peintures épiques soient la conclusion d'une forme de vie et que celle-ci disparaisse après elles. »[1]

Le « chant du cygne » est un véritable *leitmotiv* au sens wagnérien du terme[2], dans la mesure où la mort est première, participant d'une dualité coextensive à la vie. Thomas Mann, dans l'héritage de Schiller, Goethe, Schopenhauer et Nietzsche, entend sans doute dans la mort le fondement du sentiment tragique de la vie, célébrant le génie créateur et l'avènement des grandes œuvres. Rappelons ce qu'il écrit dans *La Montagne magique* :

1934-1942, publication posthume en 1944. Stefan Zweig a envoyé ce manuscrit tapé par sa seconde femme à un éditeur un jour avant leur suicide.

1. In *Les Maîtres*, précédé de *Frédéric et la grande coalition*, traduit par I. Servieen et J. Naujac, Paris, Grasset, p. 323.

2. Thomas Mann fut un grand admirateur de Wagner.

> « Il y a deux routes qui mènent à la vie. L'une est la route ordinaire, directe et honnête. L'autre est dangereuse, elle prend le chemin de la mort, et c'est la route géniale. »

Le *leitmotiv* pourrait en rester, dans la continuité de *Mort à Venise* par exemple, à ce que Thomas Mann qualifiait de « mélange de mort et d'amusement ». Mais Levinas ne va pas sur ce terrain. L'enjeu pour lui n'est pas tant de décrire la concrétude de la mort comme un phénomène de distanciation et de détachement, que de montrer comment le corps se laisse peu à peu engloutir dans la sensation de la maladie, jusqu'à y puiser une jouissance où se mêle le désir érotique, l'accueil de la maladie d'autrui venant donner sens et transcendance à ce qui pourrait devenir un désenchantement nihiliste. Nous retrouvons, dans l'horizon indémêlable de la jouissance et de la possession, un autre motif cher à Levinas, celui de l'hypostase. Le sujet malade, Hans Castorp, est comme encombré de son existence, mais son amour pour Claudia Chauchat lui fournit l'occasion d'une sortie hors du corps. Bien qu'il se constitue *en tant que* corps, dans la jouissance de ce qui lui appartient en propre, en l'occurrence la maladie, Hans Castorp fait l'expérience de ce à quoi il ne s'attendait pas, parce que ce qui lui arrive n'est pas véritablement fait pour être vécu par l'homme : se voir mourir par la maladie d'un autrui que l'on aime et désire. Levinas écrit que

> « l'originalité du roman tient dans l'idée que la vie biologique, qui lie les êtres à la mort, les lie en même temps à la vraie source de la spiritualité. »[1]

La maladie serait un élément médiateur, qui fait entrer Claudia Chauchat et Hans Castorp dans une expérience qui se temporalise, où l'esprit est saisi par l'amour au même moment où il est saisi par la maladie. Comme le dit Levinas de manière saisissante, « la mort ne vient pas vite dans les sanatoriums de Davos ; elle *laisse* souvent le

1. Cf. *infra*, p. 78.

temps »[1]. La maladie serait une ouverture sur l'extériorité, une vie de l'esprit plus haute, plus *spirituelle* que la spiritualité elle-même, en provenance d'un sujet qui se retire continuellement, résistant à toute possession et à toute connaissance. L'amour de Hans Castorp pour Claudia Chauchat révèle un monde sans pour autant déboucher sur une sortie de l'Être. Il est l'épreuve quasi initiatique – *magique* – du caractère limité du corps face à l'infini de l'esprit. Mais le corps putréfié, éprouvé et affligé, le corps biologique connaît le désir métaphysique pour l'être élu. Ainsi, « la spiritualité tangible, qui y émerge à partir de la maladie, peut affronter les plus grands problèmes qui assaillent les pensées d'un individu normal »[2]. La structure déjà éthique de la subjectivité de Castorp est déduite de cette dualité entre fini et infini. Son amour est une figure de destin, le destin même, dont

1. Cf. *infra*, p. 76.
2. *Ibid.*, p. 78.

il ne parvient à se libérer que dans la mort. Levinas précise :

> « Castorp ne connaît l'amour de Claudia qu'une seule nuit, car le lendemain matin elle quitte la montagne magique. Castorp reste malade parce qu'il continue à l'aimer ; en attendant le retour de Claudia, il poursuit son évolution spirituelle. »[1]

Levinas va jusqu'à parler d'un délire extatique pour qualifier la langue de Thomas Mann qui parvient selon lui à exprimer une dimension poétique de l'écriture romanesque jusque là restée inédite. Mais ce délire n'est pas entendu comme un pur effet de transe, une représentation narrative des formes de la conscience absolue qui trahirait un sentiment strictement religieux ou païen. Levinas entend dans la langue de Thomas Mann « le mystère de l'unité cartésienne entre le corps et l'esprit »[2], que l'écrivain

1. *Ibid.*, p. 82.
2. *Ibid.*

explorerait « comme une réalité primordiale »[1], ne pouvant se concrétiser que « dans l'exaltation de l'amour – un amour biologique et métaphysique »[2]. Levinas ajoute :

> « C'est précisément lorsque Castorp se met à parler en termes de science biologique que l'âme de l'être aimé se fait connaître dans toutes ses profondeurs enivrantes. »[3]

L'interprétation lévinassienne de *la Montagne magique* marquerait une double prise de distance. La vie de l'esprit ne peut se satisfaire d'une unique conscience, à la fois modérée et rationnelle, et aucun sujet ne peut prétendre mettre entre parenthèses son existence – « comme les gens de la vallée en bonne santé peuvent choisir de le faire »[4]. Cependant la vie de l'esprit ne peut pas non plus se tenir dans le panthéisme de la nature,

---

1. *Ibid.*
2. *Ibid.*
3. *Ibid.*
4. Cf. *infra*, p. 78.

ni dans un corps subordonné à la tyrannie du biologique et du psychologique, éliminant la matérialité, le corps physique rompu à la « discipline militaire », telle que l'incarne le cousin de Hans Castorp, Joachim Ziemssen, officier prussien de son état. Levinas n'écarte pas la possibilité de penser cette discipline comme étant « moins nécessaire pour conquérir le monde que pour dominer le démon tapi dans l'âme allemande »[1]. Sans compter la « force obscure »[2] du Hollandais Peeperkorn, l'heureux rival de Castorp, qui n'est « ni la force grossière du matérialisme, ni la force de la nature du panthéisme »[3]. Bref, rien n'échappe à la vivacité critique de Levinas. Pour être parfait, il manque à ce tableau dans le style d'un Daumier gravant les caractères de l'esprit, les « deux autres âmes qui luttent contre l'esprit de la montagne magique »[4] : la figure du juif

1. *Ibid.*, p. 85.
2. *Ibid.*, p. 83.
3. *Ibid.*, pp. 83-84.
4. Cf. *infra*, p. 85.

converti au christianisme, le jésuite Naphta et le franc-maçon Settembrini. Ces « deux autres âmes » caractérisent le combat contre les forces obscures, hypnotiques de la montagne magique, réunissant d'un seul tenant la tradition judéo-chrétienne et la tradition franco-latine.

En conclusion, faisons un pas de côté et relisons un long extrait d'un texte peu connu d'Emmanuel Levinas intitulé *Mitgenommen*[1]. Tradition juive et cultures russe, française et allemande y sont indissociablement entrelacées comme la signature la plus vive jamais désavouée, de ce que Levinas nomme ici l'Occident :

> « Je suis né dans une famille juive où l'on parlait russe avec les enfants, c'est-à-dire où la civilisation russe et sa littérature avaient grand prestige. De ce coin pourtant avancé vers l'Occident, la déclaration de la guerre de 14 avait chassé mes parents qui, d'étape en

1. In *Honneur aux maîtres*, Paris, Critérion, 1991.

étape, se trouvèrent à Karkov, en Ukraine, où avait été évacué le lycée d'État de ma ville natale. J'y entrai à l'automne 1916 : réussite considérable pour un juif sous le régime tsariste.

Vinrent alors la révolution, le communisme et le désordre des guerres civiles. En 1920, mes parents bénéficièrent d'une occasion qui leur permit de retourner en Lituanie, devenue l'année précédente république indépendante. C'est là, dans la classe terminale d'un lycée juif de langue russe, que je préparai le certificat de maturité – l'équivalent du baccalauréat. Pendant cette classe terminale, j'ai eu comme professeur d'allemand un juif profondément assimilé à la culture germanique, le docteur Moshe Schwabe. Il avait découvert le judaïsme de l'Europe de l'Est à l'occasion de l'occupation allemande, et la culture allemande à travers Goethe, qui nous éblouit. Les heures de cours où nous lisions *Hermann et Dorothée* – livre qui évoque notamment un dialogue européen vécu dans la paix – préparaient et promettaient la découverte des pages de *Faust* qui, disait-il, « se lisent avec quarante degrés de fièvre », promesse qui tenait les meilleurs en haleine… Mais la sagesse du maître nous évita cette fièvre ; l'année se termina sur *Poésie* et *vérité,* où Goethe raconte son enfance à Francfort et énumère les tableaux des peintres, souvent obscurs, qui ornaient l'appartement. Obscurité de la gloire, qui choqua les jeunes élèves : « Pourquoi des inconnus ? » Souveraine réponse de notre maître : « Goethe les a emportés – *mitgenommen* – dans son immortalité ». Et Montaigne, Descartes, Pascal, Bergson, ces passants qui emportent tant de gens, de choses, de terreaux, dans leur immortalité, et leur confèrent ainsi leur dignité. Serait-ce cela l'Occident ? Pouchkine, Pétrarque, Dante, Shakespeare (…) regards qui ornent le monde. En 1951, l'Occident de Moshe Schwabe s'est accompli à Jérusalem, où il fut professeur de grec (…). »

Danielle Cohen-Levinas

Note d'édition

Nous avons tenu à reconstituer l'histoire de ce texte, pour autant que les éléments biographiques et les sources historiques le permettaient. Nous avons donc pris contact avec Monsieur Andrius Valevicius, Professeur à l'Université de Sherbrooke, qui fut le premier à découvrir cet inédit. Ce texte a été retrouvé par lui en 1994, lors d'un voyage à Vilnius, dans la salle des périodiques de l'Université de Vilnius. Levinas a publié cette étude dans une revue culturelle mensuelle intitulée *Vairas* (n° 7-8, Kaunas, VIII, juillet-août 1933 p. 271-280). La revue porte un sous-titre : *Menesinis Kulturos Zurnalas*. Une traduction anglaise de ce texte a été assurée par Andrius Valevicius et publiée dans *Continental Philosophy Review, Man and World,* « The understanding of spirituality in French and German culture » (n° 31, 1998, p. 1-14). Par la suite, Michaël Levinas, ayant pris connaissance de cet inédit traduit en anglais, a autorisé sa version française pour la revue *Sens*, « Juifs et chrétiens dans le monde d'aujourd'hui » (52e année, n° 252, novembre 2000, p. 470-480). La traduction française, à partir de la version anglaise, a été assurée par Mme Marie-Cécile Dassonneville. Nous avons choisi cette traduction pour le présent volume car nous avons pu vérifier qu'elle était fidèle à la version originale. Citons également la version traduite du lituanien par Liudmila Edel-Matuolis (*Cités*, PUF, n° 25, 2006, p. 126-137). Par ailleurs, nous remercions Monsieur Bruno Charmet, Directeur de l'Amitié Judéo-Chrétienne de France, d'avoir autorisé gracieusement la reprise de la traduction de Mme Marie-Cécile Dassonneville pour le présent volume.

J'ai en effet souhaité avoir accès au texte original paru en lituanien avant d'en assurer l'édition française en format livre. Madame Lysianne Caron, attachée culturelle et directrice-adjointe de l'Institut Français de Lituanie de Vilnius à qui nous nous sommes adressés, a immédiatement favorisé notre recherche en nous communiquant les liens avec la Bibliothèque Nationale de la Lituanie où se trouve archivée la revue en question. Nous la remercions pour son aide précieuse. Nous avons pu ainsi rectifier la numérotation de la revue (« n° 7-8, VIII », et non pas « n° 5, vol. 7 » comme il est indiqué dans la version anglaise, dans la revue *Sens* et la revue *Cités*). Il n'y a aucune ambiguïté possible. Sur la page titre de la revue, il est bien mentionné les numéros « 7-8 », et trois pages plus loin (p. 257), on peut lire sous le titre et le sous-titre du mensuel : « 1933 (V) m. *liepos-rugpjucio men.* Nr. 7-8, VIII ». Cette rectification nécessaire à partir de la source première nous a permis de connaître avec exactitude, non seulement l'année de publication, mais également le mois (juillet-août 1933) – ce qui n'est pas sans incidence quant à la lecture et l'interprétation de ce texte.

D. C.-L.
Paris, janvier 2014

1933 (V) m. *liepos-rugpjucio men.* Nr. 7-8, VIII

La compréhension de la spiritualité dans les cultures française et allemande

Dr. EMMANUELIS LEVINAS

Dvasiškumo supratimas prancūzų ir vokiečių kultūroje

Šioje studijoje pabrėšime ryškiausius dvasiškumo sąvokos bruožus prancûzuose ir vokiečiuose. Ši sąvoka ne visur turi tą pačią prasmę, bet visur ji užima aukščiausią vietą vertybių jerarchijoje. Tiksliai apibūdinti ir charakterizuoti formalinio dvasiškumo supratimo skirtumus — tai konkrečiai nustatyti idealą, įžvelgti individualinio ar kolektyvinio asmens intimiausią paslaptį.

Cette étude a pour but de souligner ce qui caractérise le plus nettement les cultures spirituelles française et allemande. Ce concept n'a pas partout le même sens mais on le situe toujours en haut de la hiérarchie des valeurs. Une description précise des différences formelles qui existent entre cultures spirituelles peut donc permettre de bien présenter les idéaux individuels et collectifs, et de mieux en pénétrer le mystère intime.

1.

René Descartes, expression la plus pure du génie français, tout en prolongeant la tradition platonicienne classique, a laissé une trace indélébile de la compréhension que sa nation a de la culture spirituelle. Rappelons sa célèbre théorie de la distinction entre corps et esprit. Le corps et l'esprit sont absolument étrangers l'un à l'autre, et c'est ce qui fait l'originalité de cette théorie. Jusqu'alors, conformément aux idées d'Aristote, l'unité des substances spirituelles et matérielles dans l'homme paraissait être une évidence. Or, pour Descartes, ces deux substances n'ont rien de commun et ne peuvent s'unir que par la volonté de Dieu.

C'est précisément la raison pour laquelle la vie psychologique humaine, qui résulte de l'union de ces deux substances, n'est pas purement spirituelle. Le corps peut participer à la vie psychologique, mais puisqu'il n'a fondamentalement rien de commun avec l'esprit, l'union des deux ne peut aboutir qu'à une corruption de l'esprit par le corps.

Cette psychologie corrompue par le corps est à bien distinguer du concept d'esprit pur. Descartes réprouve la perception sensorielle parce que, selon lui, elle ne nous permet pas d'atteindre le réel ; nous avons plutôt tendance à y rechercher une certaine forme d'utilité, et cette quête d'utilité résulte de l'union de l'esprit et du corps. Descartes crée ainsi la géométrie analytique par soupçon à l'égard de l'imagination, et même de la géométrie d'Euclide qui se sert de figures. Il faut pareillement que toute forme d'émotion, de sentiment et de passion soit exclue d'une vie constituée d'esprit pur.

Par là, et c'est fondamental, on n'en vient, pas seulement à considérer l'esprit comme distinct de la matière inerte, mais également comme supérieur à toute forme de vie biologique. La biologie fait partie de la physique. Dans la perspective d'Aristote, la vie biologique ne requiert aucun principe spirituel. L'animal n'est qu'un organisme complexe, de type purement physique, sans la moindre spiritualité.

La vraie vie de l'esprit est ailleurs. L'esprit – et c'est là un trait caractéristique de la culture française jusqu'à présent –, c'est la pensée pure, au-delà de l'imagination, des sensations et des passions. Le plus haut degré de l'esprit apparaît dans les théories du mathématicien ou du physicien. Plongé dans une science exacte, le scientifique oublie son individualité concrète et recherche des formes intellectuelles et mathématiques hors de la portée des sens.

C'est là qu'est la clef de ce que l'on a coutume d'appeler le positivisme français : il ne se confond pas avec le positivisme vulgaire de la philosophie populaire, mais réside dans la conviction que seul l'esprit théorique est l'esprit véritable et que ce n'est que dans la science exacte que l'esprit peut se réaliser. Partout ailleurs, c'est l'anarchie complète, un mélange confus de perception sensorielle et de biologie, la seigneurie de la matière. Le philosophe contemporain pour lequel la jeunesse française a actuellement le plus d'attention est Léon Brunschvicg. Il a consacré ses travaux aux progrès de la conscience. Ce qu'il faut entendre par progrès de la conscience, c'est le fait que la réflexion humaine s'oriente vers les mathématiques. Selon Brunschvicg, c'est dans les mathématiques que réside la vie intérieure véritable, une vie intérieure plus profonde que les intuitions des mystiques ou le délire des « illuminés ». Selon lui toujours, c'est dans le raisonnement impersonnel et théorique que s'exprime la personne vraiment humaine. C'est là un vieux paradoxe de l'idéalisme français ! Nous classons l'idéalisme dans la même catégorie que le positivisme parce qu'il situe l'essence de l'esprit dans la raison mathématique et que, selon lui, c'est dans la science moderne que le raisonnement est vivant et actif. Ce type d'idéalisme n'a néanmoins rien de commun avec l'étroitesse du positivisme ordinaire. En matière de sciences, il ne s'intéresse qu'aux œuvres de la raison qui conduiront à dissiper les ténèbres de l'instinct et qui, en pénétrant les secrets de la vie biologique, pourront la libérer et la reconstruire.

Bien entendu, malgré l'abîme qui sépare le spirituel du corporel, le Français ne renie ni ne dénigre habituellement jamais le second domaine. Et pourtant, l'opposition entre les deux est selon lui absolue et radicale. Un phénomène à demi spirituel et à demi corporel lui semblerait ambigu. Nous verrons plus loin qu'un Allemand voit les choses autrement.

Le Français ne se contente pas d'identifier esprit et raison ; il croit aussi que le monde est essentiellement rationnel. C'est ainsi qu'il discerne la puissance de l'esprit. Des idées claires et un esprit modéré peuvent réaliser bien des choses dans le domaine psychologique et social, bien que celui-ci soit d'ordre biologique et régi par la passion. Il suffit de considérer les philosophes du XVIIIe siècle comme Diderot, d'Holbach et Helvétius pour se convaincre que même les plus purs matérialistes se situent dans la ligne de cette tradition culturelle française. Leur matérialisme ne les conduit pas à conclure en l'incapacité complète de l'homme à s'opposer à la nature. Les êtres doivent seulement parvenir à appréhender leur réalité sociale avec plus de raison et à l'organiser avec plus de sagesse. Aucune force secrète de la psychologie humaine, qu'elle soit sociale ou individuelle, n'est susceptible de s'opposer à la raison saine. Pour les disciples de Marx, en revanche, si la raison pure est en elle-même impuissante dès lors qu'elle veut régir et transformer la réalité psychologique, elle en détruit en même temps les fondements matériels. Le matérialiste français du XVIIIe siècle s'estime, lui, capable de réformer les hommes en influant directement sur leur psychologie. Influer signifie éclairer. La bonté sera rendue accessible lorsque, tout en désirant rationnellement y parvenir, les gens apprendront à influer sur la raison humaine de façon à tendre tous vers le même but, et non plus à rechercher leurs intérêts propres ou à ne prêter attention qu'à leur situation personnelle. Il ne faut pas confondre l'universalité des Lumières avec l'Internationalisme moderne. Les premières se fondent, non sur une communauté d'intérêts, mais sur l'universalité de la raison qui fait que les mêmes vérités éternelles s'imposent à tous les hommes.

À quelques exceptions près, il nous semble que les politiques français d'aujourd'hui tendent aussi à résoudre les problèmes en les examinant avec les lunettes de l'universalité. Les conflits ne sont que des batailles d'idées. La meilleure preuve que l'on puisse donner de l'influence de la raison cartésienne sur la vie politique française est l'Affaire Dreyfus. Il s'agissait d'une simple erreur judiciaire qui, à l'époque, a davantage bénéficié aux intérêts de l'État qu'elle ne les a desservis. Elle a néanmoins causé, pendant plusieurs décennies, une tempête passionnée de protestations parce qu'elle touchait à l'idée de justice, une idée abstraite, austère et froide, mais une idée raisonnable et par conséquent fascinante pour l'âme française.

C'est également ainsi que l'on peut expliquer l'intérêt typiquement français pour une morale universelle susceptible de faire appel directement à la raison et d'être acceptée comme vraie. En France, on a déployé beaucoup d'efforts pour la créer : les moralistes, qu'ils soient du XVIIIe siècle ou contemporains comme Durkheim, Rauh, Lévy-Bruhl, partent tous de la conviction que l'esprit de l'homme réside dans sa raison, qu'il est capable de raisonner et de réfléchir sur sa conduite et que, comme le disait Pascal après avoir mesuré d'autres abîmes de l'esprit humain, « l'honneur de l'homme, c'est sa pensée ».

2.

Je viens de mentionner Pascal. Il nous rappelle le caractère beaucoup trop bref et insuffisant de cette analyse. Elle ne tient pas compte d'une certaine forme de culture spirituelle française, que l'on peut appeler la tradition pascalienne, et qui existe parallèlement à la tradition cartésienne. Nous pourrions y trouver des traits communs à la culture spirituelle allemande. Toutefois, ce type de spiritualité existe-t-il dans la culture allemande ? La culture allemande a en partie hérité à la fois de la tradition classique et de la tradition française. Néanmoins, parallèlement au Cartésianisme de Leibniz ou de Kant, que les Kantiens de Marbourg ont poussé à l'extrême, il existe en Allemagne une autre forme de spiritualité, progressivement apparue plus clairement chez les Romantiques, et qui a fleuri dès le début du XXe siècle et surtout à notre époque.

Le cœur de cette démarche consiste à rechercher ce qui fonde plus profondément la raison dans l'individu concret. C'est pourquoi, au lieu de séparer le corps et l'esprit comme le faisait Descartes, les Allemands partent de l'existence mentale concrète. Dans cette perspective, le « corps » et l'« esprit » de Descartes apparaissent comme de simples abstractions. C'est le domaine de la vie et tout ce qui l'exprime au plan psychologique qui constituent l'essence de l'esprit. L'homme est le « je » concret, soucieux de son sort et inquiet de la mort, qui la regarde droit dans les yeux, et s'enfuit en courant. Dans ce malaise et ces expériences de nos sentiments et émotions réside toute la tragédie de l'existence humaine : amour, haine, passions et déceptions s'unissent pour composer un ensemble dramatique. C'est ce drame qu'exprime l'esprit.

L'esprit n'est pas ici, comme il l'est chez Descartes, un observateur tranquille et froid qui s'abstiendrait toujours de descendre vers les zones lumineuses ou obscures de nos instincts. À supposer qu'un Français puisse ordonner à son esprit de dissiper les ombres projetées par les corps, il n'attribuerait pas la moindre portée spirituelle à cette aptitude personnelle. Corneille, Racine et Molière, dans leur théâtre, et Stendhal, Flaubert et Balzac, dans leurs romans classiques, tentent de mettre de l'ordre dans le chaos psychologique. Ils s'efforcent d'en comprendre l'origine et les mécanismes à partir d'un certain type de passion ou d'idée. Ils ne se satisfont pas du chaos de l'âme et essaient d'y trouver une explication logique. Par sensibilité, l'Allemand s'intéresse au contraire au drame intérieur, cette agitation opiniâtre, aveugle à la raison. Les Allemands y voient la richesse et la profondeur de l'esprit humain. Comprendre l'esprit de l'homme ne signifie pas en connaître l'âme à partir de la raison, mais plutôt vivre sans essayer d'échapper à la vie. Ce qui implique d'accepter de connaître la déception, la tristesse et la joie. Cette forme de connaissance constitue la véritable vie de l'esprit humain. Toute tentative pour éviter les abîmes et les péchés de la vie ou tout désir de les dissimuler derrière la lumière de la raison serait périlleux. La raison n'est-elle pas ce par quoi nous oublions ces abîmes gênants ? Par sa vivacité, n'éclipse-t-elle pas les traits les plus saisissants de la vie ? N'élimine-t-elle pas la complexité et la richesse de l'existence, telle l'épée d'Alexandre, éternel symbole de la raison, qui sait couper les nœuds mais ignore comment les défaire ?

Concrétiser l'esprit humain ne signifie pas toutefois le matérialiser. Les forces liées à la vie biologique, à l'inquiétude sexuelle et à la crainte de la mort ne sont pas des phénomènes psychiques. Elles sont obscures, mais non aveugles. L'originalité de cette idée c'est que, selon elle, le contenu de la conscience, les impressions, sensations et fantaisies, sont « orientées vers un certain but » et révèlent le sens métaphysique de la destinée humaine. Les phénoménologues allemands modernes (Husserl, Scheler, Heidegger), dans leurs belles analyses, insistent sur ce que l'on appelle l'intentionnalité de toute la conscience. Ils soulignent l'importance spirituelle des données élémentaires de la conscience qui, pour Descartes et Spinoza, ne dépassaient pas les premiers niveaux de la psychologie.

Mais cette importance spirituelle accordée aux données psychologiques élémentaires n'est pas du seul domaine philosophique. Elle est profondément enracinée dans l'âme allemande. Comparons un vulgaire roman allemand avec un roman français du même genre. Dans l'un comme dans l'autre, espérant faciliter les ventes, les auteurs décrivent des scènes sensuelles. Le Français connaît fort bien la réalité qu'il décrit. S'il rédige un texte sur l'amour physique, il fait en sorte que cet amour soit d'abord et surtout physique. Il ne confond pas les détails de cette sorte d'amour avec les tendres sentiments de l'amour spirituel. D'ailleurs, l'amour spirituel n'existe pas dans ce genre de roman. Le Français ne fait pas de philosophie lorsqu'il rédige de la pornographie. Le plus souvent, il se satisfait d'un heureux épicurisme qui tient les plaisirs pour ce qu'ils sont : la satisfaction aveugle de la conscience. Ces plaisirs sont vécus passivement et ne révèlent rien. Dans un roman allemand du même genre, en revanche, les éléments physiques et spirituels se mêlent les uns aux autres. Les tribulations sexuelles de personnalités médiocres traduisent des réalités métaphysiques. On retrouve cette différence en bonne littérature. Gide et Giraudoux, par exemple, décrivent souvent le monde des sentiments primordiaux. Mais la vie mentale de leurs principaux personnages consiste plus en une incessante analyse de toute une vie de désir qu'en ces désirs eux-mêmes. Le sentiment n'est qu'une blessure qui éveille une extraordinaire floraison de désirs, mais n'est pas cette floraison elle-même. Il y a une dimension de chasteté en littérature française, bien que l'on conteste cette idée hors de France.

Une autre caractéristique de l'intérêt allemand pour l'esprit humain est son attrait pour la psychanalyse. La présentation de la vie sexuelle comme facteur psychologique n'est pas intéressante au plan philosophique. Elle ne nous apprend rien. Moins captivants encore sont tous les dogmes fantasques du système freudien et leurs implications, sa clef des rêves et sa thérapie – qu'elle soit précise ou non –, de même que toutes les autres thérapies du monde. Seule, la nouvelle compréhension du subconscient est d'un intérêt quelconque dans cette nouvelle théorie. Depuis Leibniz, le concept de subconscient est devenu légitime en philosophie, mais il a toujours fait partie du domaine de l'intellect et a été considéré comme un complément du concept de conscience. Selon Freud, au contraire, une vie claire et consciente de l'esprit n'est qu'une manifestation superficielle d'une réalité spirituelle bien plus profonde. Cette réalité spirituelle n'est pas la pensée impartiale, mais la changeante et dramatique libido. La réalité spirituelle n'est plus la conscience modérée de Descartes, mais ce sont les désirs inconscients de la libido. Celle-ci est bel et bien un principe spirituel. Nul n'est moins matérialiste (au sens que le XIXe siècle donne à ce mot) que Freud. Mais, au nom de la psychiatrie pure, il s'affronte violemment à ceux qui considèrent la folie comme une sorte de désordre organique. Si l'on se remémore la perception que les Français ont de l'esprit, on ne devrait pas être surpris que la psychanalyse ait eu peu de partisans en France. Elle se situe à l'encontre des convictions les plus profondes de l'âme française.

La psychanalyse n'est pas le seul mode philosophique sous lequel s'exprime la compréhension allemande de l'esprit. On peut trouver de nombreuses incarnations de cette conception allemande dans lesdites « philosophies de la vie » qui, en Allemagne, surgissent actuellement en grand nombre. Nietzsche, Simmel, Dilthey, Scheler et, plus récemment, la philosophie existentielle de Heidegger, sont autant de formes de l'idéal spirituel allemand. La philosophie de Heidegger exerce aujourd'hui une influence exceptionnelle sur les étudiants des universités allemandes. Lorsque Heidegger parle de la réalité spirituelle, il n'utilise pas le mot de « conscience », mais plutôt celui d'« existence » (c'est de là que vient le terme d'« existentielle », qui qualifie sa philosophie), parce qu'il entend souligner les aspects concrets et dramatiques de l'esprit.

Ce n'est pas par hasard que les partis politiques extrémistes, actuellement si forts en Allemagne, sont enchantés de cette notion d'esprit. Ils ne font pas confiance à la raison parce que celle-ci résiste à leur vitalité ; ils n'écoutent pas la raison qui dit « oui », alors que leur existence crie « non ». Les Allemands estiment que la souffrance est plus vraie que la raison – car cette dernière cherche à calmer la souffrance – et que la vérité ne consiste pas à observer impartialement les idées éternelles mais qu'elle est le terrible cri d'une existence qui lutte pour sa survie. Il est facile d'oublier et de perdre l'équilibre lorsqu'on croit entendre une voix mystique au plus profond de son âme. Il est exact qu'on est ici en présence d'une perversion de l'idéal allemand, mais il est intéressant de remarquer que, même sous sa forme fausse, cet idéal s'avère totalement opposé aux échecs et aux péchés caractérisant l'âme française.

3.

Un ouvrage qui manifeste un génie véritable et qui, avec l'œuvre de Marcel Proust en France, constitue certainement le plus grand événement littéraire de notre époque, est le roman intitulé *Zauberberg* de Thomas Mann. On y trouve l'incarnation vivante des concepts brièvement présentés ci-dessus.

La montagne des miracles, le Zauberberg, c'est Davos, une ville de tuberculeux et un lieu de maladie et de mort. Cependant, la mort ne vient pas vite dans les sanatoriums de Davos ; elle *laisse* souvent le temps. On a encore le temps de vivre, de plaisanter, de faire la fête. Pendant ces moments de récréation, on peut temporairement oublier la mort, et l'espoir n'est pas totalement banni. On est néanmoins placé chaque jour face à la mort, à travers l'agonie et le décès de son voisin, la décomposition de son propre corps, une fièvre constante qui se refuse à tomber et dont le thermomètre confirme la persistance plusieurs fois par jour.

Le choix de Davos fait par Thomas Mann comme cadre de son roman est d'un grand effet littéraire. L'atmosphère de Davos nous plonge dans ce climat où nous tous, qui sommes destinés à la mort, nous nous heurtons à notre propre sort. Dans la vallée, nous oublions que nous devons mourir mais, sur la montagne, la mort n'a rien d'une abstraction. En ce lieu où la mort est si fréquente, les gens peuvent en mesurer les effets sur leur propre corps et savoir si elle a avancé ou reculé. Le corps entre ainsi progressivement dans une réelle inquiétude de la mort qui, ouvertement ou sournoisement, hante sans cesse les moments de répit les plus précieux. Les malades connaissent bien l'état de leur corps et l'effet qu'ont les moindres évolutions sur leur psychologie. La vie intérieure des malades est extrêmement liée au corps et ne décolle jamais du corps. Mais, au lieu d'être vide et dépourvue de sens, leur vie spirituelle se développe pour croître en profondeur et parvenir à un haut niveau de l'esprit. Dans la vallée, les gens sont soumis à une sorte de satisfaction malsaine par la vie biologique. Sur la montagne, la maladie (et, dans la conception de Thomas Mann, c'est bien là son rôle dans le roman) met en relief l'existence biologique et n'autorise personne à oublier sa propre existence, comme les gens de la vallée en bonne santé peuvent choisir de le faire. L'originalité du roman tient dans l'idée que la vie biologique, qui lie les êtres à la mort, les lie en même temps à la vraie source de la spiritualité. L'ombre de la mort crée une atmosphère métaphysique. La spiritualité tangible, qui y émerge à partir de la maladie, peut affronter les plus grands problèmes qui assaillent les pensées d'un individu normal. Ces problèmes naissent, grandissent et ont des liens de plus en plus étroits avec la vie concrète et corporelle du condamné à mort. Ainsi, l'existence biologique n'a-t-elle rien de commun avec la manière dont le matérialisme traditionnel traite de la mort. Ceci correspond pleinement à la conception allemande de la vie spirituelle que j'ai déjà brièvement décrite.

Il nous est maintenant possible de comprendre l'intrigue qui s'approfondit et grandit tout au long des deux mille pages du roman. Hans Castorp, jeune ingénieur d'une famille bourgeoise de Hambourg, va à Davos pour rendre visite à son cousin malade, le jeune officier Joachim Ziemssen. Dès le jour de son arrivée, il est étrangement imprégné par l'atmosphère de Davos. Elle l'attire et le repousse en même temps. Il ressent, bien que confusément, toutes les joies spirituelles dont elle est prometteuse, et il la craint comme s'il s'agissait d'une forme de désordre.

Toutefois, il évolue rapidement. Inconsciemment, mais peut-être plus profondément de ce fait, il aspire à tomber malade parce que la maladie transfigure la personne et lui permet d'accéder aux profondeurs de l'existence. Et, dans le même temps, une femme russe malade, Claudia Chauchat, l'attire de façon inexplicable. Sa propre maladie débute en même temps que son amour. Devenu tuberculeux, il passe plusieurs années à Davos et ne le remarque pas, parce que le temps s'est arrêté sur la montagne magique, dans les neiges éternelles.

Claudia Chauchat, dont Thomas Mann dresse un minutieux portrait physique, n'est pas une femme d'une beauté classique. Sa beauté est inégale, ses mouvements sont brusques. Mais elle est malade, elle aussi. L'amour de Castorp n'a rien de commun avec celui que connaissent les habitants de la vallée. Ces gens, très éloignés des profondeurs de leur être, régissent leurs sentiments selon certaines règles. L'amour de Castorp ne trouve de fondement ni dans l'esthétique classique, ni dans l'idéal platonicien de la beauté harmonieuse. Son amour n'est pas davantage une recherche épicurienne de plaisir ou une recherche aveugle de sensation. L'amour qu'il porte à Claudia Chauchat est pareil à ce poison de putréfaction qui, à partir de ses poumons, inonde tout son corps.

Cet amour dans la maladie et pour la maladie – un vrai fleuron du climat de Davos, et peut-être la plus belle trouvaille littéraire de Thomas Mann – est ce qui constitue la formation spirituelle de Castorp, sa propre étude de valeurs spirituelles qui n'ont rien de conforme avec les humanités traditionnelles, les langues et les littératures grecques et latines, mais qui sont conformes à l'amour et à la maladie. Les sciences qui le tentent et qui lui semblent les plus instructives sont l'anatomie et la physiologie. Voilà ce que sont les humanités ! À travers cette affirmation, c'est tout le paradoxe que renferme la compréhension allemande de l'esprit qui se révèle. Et, lorsqu'à la fin du tome I, Castorp parle de son amour à Claudia pour la première fois, Thomas Mann parvient à un effet poétique inconnu jusque-là. Pour décrire l'étrange beauté de Claudia, Castorp se sert d'un vocabulaire technique et anatomique. Comme s'il était dans un état de délire extatique, il nomme toutes les substances organiques dont elle est constituée. Le mystère de l'unité cartésienne entre le corps et l'esprit est expérimenté ici comme une réalité primordiale, et il se comprend dans l'exaltation de l'amour – un amour biologique et métaphysique. C'est précisément lorsque Castorp se met à parler en termes de science biologique que l'âme de l'être aimé se fait connaître dans toutes ses profondeurs enivrantes.

Castorp ne connaît l'amour de Claudia qu'une seule nuit, car le lendemain matin elle quitte la montagne magique. Castorp reste malade parce qu'il continue à l'aimer ; en attendant le retour de Claudia, il poursuit son évolution spirituelle. Elle revient. Elle est escortée d'une personne exceptionnelle, le Hollandais Mynheer Peeperkorn, un homme corpulent qui aime manger, boire et faire la fête. L'idée qu'il se fait de la vie idéale est celle du plaisir émotionnel et sensuel, et ce manque d'expérience chez une personne faible lui paraît constituer une catastrophe cosmique, comme il n'hésite pas à l'affirmer. Il parle en monosyllabes et ses phrases n'ont aucun lien entre elles. Il donne l'impression de ne pas réfléchir. Si « l'honneur de l'homme, c'est sa pensée », Peeperkorn est-il un homme ?

Voilà justement le paradoxe ! Cet organisme énorme, ce corps gigantesque, rompu aux émotions et à la débauche, est bien une personne. Peeperkorn règne sur la montagne et son silence étouffe les sages conversations des autres malades. Devant ce corps majestueux et grand, qui sait éprouver les choses et vivre, leurs conversations semblent stériles et stupides. Cet homme est l'heureux rival de Castorp, mais Castorp se sent presque heureux au moment où il peut renoncer à Claudia et reconnaître, avec les autres habitants de la montagne, la souveraineté de cette force organique. C'est avec admiration qu'il sombre dans la force obscure qui est celle de Peeperkorn. Cette force – et c'est là un point important pour notre sujet – n'est ni la force grossière du matérialisme, ni la force de la nature du panthéisme. La force de Peeperkorn, c'est le pouvoir purement spirituel d'une personne, telle que les Allemands la décrivent lorsqu'ils l'associent au monde organique. Le roman contient une scène caractéristique. Les habitants de la montagne magique s'en vont voir une cascade. Le grondement assourdissant de la chute d'eau s'entend de loin et rend les conversations difficiles. Mais Peeperkorn parle en monosyllabes incompréhensibles. Tout le monde le regarde, l'écoute. Il éclipse la majesté impersonnelle de la nature. Son royaume n'est pas du même monde que celui des forces panthéistes de la nature.

Trois personnes vont tenter de résister à l'hypnose de la montagne et à la force de Peeperkorn. L'une d'entre elles est Joachim Ziemssen, officier prussien et cousin de Castorp. Il éprouve du dégoût face à cet esprit décadent. Il rêve de recouvrer la santé aussi vite que possible et de travailler dans la vallée. Il incarne la discipline militaire allemande et se situe aux antipodes de Castorp qui aime les forces cachées et dangereuses.

Peut-être Thomas Mann entend-il révéler le sens philosophique de l'esprit militaire prussien. Cette discipline militaire est moins nécessaire pour conquérir le monde que pour dominer le démon tapi dans l'âme allemande. Mais un Allemand connaît la puissance de ce démon incontrôlable et estime que la force physique et une discipline rigoureuse peuvent mieux lui résister que ne le peut la raison. L'esprit qui inspire Joachim Ziemssen est à l'opposé de celui qui enivre Hans Castorp.

Il y a encore deux autres âmes qui luttent contre l'esprit de la montagne magique. D'une part, la tradition judéo-chrétienne, et d'autre part – et c'est d'un intérêt particulier dans cette étude – la tradition de la civilisation franco-latine. La première est représentée par Naphta, juif converti au christianisme et qui est entré chez les jésuites. Il ne s'en tient pas à lutter contre le charme de la montagne à laquelle il oppose la discipline de l'Église, mais se donne plus de mal encore pour combattre la culture franco-latine qu'il exècre au plus haut point. Cette tradition est représentée par Settembrini, journaliste italien et franc-maçon. C'est un homme de raison, discipliné. Un vrai disciple de Descartes, qui voue un culte aux idées, croit que l'esprit peut contrôler le corps, et qui ne donne aucun sens à la maladie tant biologique que sociale. Il estime qu'il faut vaincre la maladie par la lumière de la raison pure.

C'est la dialectique interminable entre le jésuite Naphta et le franc-maçon Settembrini qui constitue le cadre du roman. Tous deux veulent sauver Castorp et l'arracher aux séductions de la montagne magique, et c'est en sa faveur qu'ils se combattent. Castorp leur dit ouvertement qu'à l'ombre de Peeperkorn, leurs discussions, même cultivées, semblent ridicules et insignifiantes. « *Reconnaissez qu'il pourrait facilement nous mettre dans sa poche* », leur déclare-t-il.

Il semble que, dans ce roman, Thomas Mann ne soit pas complètement parvenu à se libérer, au sens le plus éducatif du terme, de l'influence de la montagne magique. Il connaît les voies de salut empruntées par

Naphta, Settembrini et Joachim Ziemssen, mais il ne les suit pas. Joachim Ziemssen meurt, et le Settembrini de Thomas Mann s'exprime en mauvaise caricature de la culture française.

Dans cette étude comparative des cultures française et allemande, nous n'avions pas pour but de dire laquelle de ces deux perceptions du monde spirituel est la meilleure. Tout concept est respectable, mais peut aussi être déformé de façon ridicule et dangereuse. Cela se produit parfois, pour les plus grands délices des critiques littéraires, en certains grands salons où l'on s'amuse d'antithèses superficielles telles que la « légèreté française » et la « lourdeur allemande », ou bien pour la satisfaction d'orateurs de grands cafés qui prennent ce jeu au sérieux, et qui par ailleurs font de la philosophie.

Table

Mise en pages
PCA – 44400 Rezé

Achevé d'imprimer en mars 2014
par Novoprint (Barcelone)

Dépôt légal : mars 2014

Imprimé en Espagne